선택한다는 것

선택한다는 것

2010년 6월 10일 초판 1쇄 펴냄
2013년 5월 20일 초판 4쇄 펴냄

지은이 · 김경선
그린이 · 임미란
펴낸이 · 길도형
디자인 · 우디
인쇄 · 영프린팅
제책 · 성문제책사
펴낸곳 · 장수하늘소
출판등록 · 제406-2007-000061호
주소 · 경기도 고양시 일산서구 덕산로 250 2층 우측호
전화 · 031-923-8668
팩스 · 031-923-8669
E-mail · jhanulso@hanmail.net

ISBN 978-89-962802-8-6 74330 / ISBN 978-89-94627-45-8 74330(세트)

책값은 뒤표지에 있습니다.
잘못된 책은 구입한 서점에서 바꾸어 드립니다.

초등학생이 꼭 만나야 할 민주 사회 이야기

선택한다는 것

나, 놀부 안 해!

글 · 김경선 | 그림 · 임미란

장수하늘소

머리말

여러분이라면 어떤 선택을 하겠어요?

우리는 살아가면서 수많은 고민들에 맞닥뜨립니다. 그런데 그 고민들은 어떤 상황에서 어떠한 선택을 할 것인가를 놓고 겪는 갈등이 대부분입니다. 오늘 용돈을 받았는데, 당장 군것질을 할 것인지 모아 두었다가 정말 필요할 때 쓸 것인지 말이에요. 그러다가 어떻게든 쓰기 위한 선택을 합니다. 그만큼 아주 작은 일에도 선택은 꼭 필요하고, 그 선택을 위한 여러 가지 노력과 방법이 있을 것입니다.

그런데 여러분은 그런 상황에서 어떤 방법으로 선택을 하고 있나요? 자기가 하고 싶은 대로 한다고요? 물론 그게 가장 좋은 방법일 수 있습니다. 나는 내 몸과 마음의 주인이니까 자기가 원하는 선택을 하는 것이 가장 좋을 것입니다.

그런데 우리는 선택을 해 놓고 후회하는 경우가 많습니다. 대개 깊은 고민 없이 그냥 마음 내키는 대로 선택했을 때 그런 경험이 많을 것입니다. 그래서 선택은 자기가 원하는 일이면서도, 책임을 질 수 있는 일인지 잘 생각해 봐야 합니다.

더 나아가 선택을 했는데 그것이 잘못된 선택인 경우에는 자기뿐 아니라 남에게도 피해를 줄 수 있다는 점을 고민해 봐야 합니다. 이

책에 나오는 히틀러의 선택처럼 큰 권력을 가진 이가 개인 감정만으로 잘못된 선택을 해서 인류에게 돌이킬 수 없는 고통과 슬픔을 가져올 수 있다는 점을 말이에요. 어릴 때부터 유태인에 대한 감정이 나빴던 히틀러는, 독일의 최고 권력자가 되고 나서 수많은 유태인을 죽이는 죄를 저지르고 맙니다.

선택은 사람마다 갖는 권리이지만, 올바른 판단이 뒷받침되지 않은 선택은 선택으로써 가치가 없습니다. 그래서 우리는 다양한 독서를 하고, 어른들의 가르침에 귀기울여야 하는 것입니다. 그러는 과정에서 생각이 넓어지고 바른 판단력도 길러지며, 그것은 곧 올바른 선택, 후회 없는 선택의 든든한 주춧돌이 되는 것이랍니다.

여러분의 선택 하나하나가 스스로를 어떤 사람인지 보여 줄 것이고, 그 선택이 하나하나 모여서 우리나라가 어떤 나라인지 보여줄 것입니다. 이 책에 나오는 여러 가지 선택과 선택을 위한 방법들이 여러분 앞에 닥친 선택의 상황에 조금이나마 도움이 되었으면 좋겠습니다. 그래서 우리 대한민국이 좋은 시민이 사는 좋은 나라, 진정한 민주 대한민국이 되기를 소망합니다.

2010년 5월

김경선

차례

1. 선택은 나의 몫

피피의 선택

동물 농장에는 주인 아저씨의 보살핌을 받으며 여러 동물이 모여 살아요. 그 가운데에서도 강아지 피피는 동물 농장의 막내라서 귀여움을 독차지하고 있어요. 호기심 많은 피피는 동물 농장의 이곳저곳을 기웃거리며 하루를 보내지요.

"피피야, 뭘 그렇게 기웃거리니? 그렇게 놀지만 말고 나처럼 쥐라도 잡아."

점박이 고양이가 잘난 체하며 말했어요.

"힘들게 농사 지은 곡식을 쥐들이 먹어서 주인 아저씨가 골치 아파하시잖아."

점박이 고양이는 쥐를 잡겠다며 지붕 위로 훌쩍 뛰어 올랐어요. 피피는 고양이에게 쥐 잡는 방법을 가르쳐 달라고 했어요. 그렇지만 고양이는 쌩하니 사라져 버렸지요. 피피는 자기도 어떻게든 쥐를 잡아야겠다고 마음먹었어요. 피피는 고양이처럼 지붕으로 오르려고 벽에 기대 있던 긴 삽자루를 타고 오르기 시작했어요.

"에구, 힘들어. 어떻게 고양이처럼 지붕에 올라간담."

피피는 삽에서 계속 미끄러지자 꾀를 내 보았어요. 뒤로 멀리 물러났다가 뛰어오며 지붕으로 올라가기로 한 거예요. 피피는 있는 힘을 다해서 뛰어올랐어요.

"와장창창, 쿵!"

"멍청한 짓이나 하는 게 아주 우습구나. 하하."

앵무새가 지켜보다가 배꼽을 잡고 웃었어요.

"넌 고양이가 아니야. 그렇게 힘만 빼지 말고 나처럼 사람 목소리를 흉내내 보렴. 난 쥐를 잡진 못하지만 이렇게 사람 말을 해서 주인 아저씨를 재미있게 해주지. 내가 말을 할 때마다 아저씨가 얼마나 좋아하는데."

앵무새의 말을 들은 피피는 높이뛰기를 멈추고 목소리를 가다듬기 시작했어요.

"멍멍, 엉엉, 컹컹, 낑낑."

피피는 쉬지 않고 소리를 질렀어요. 그렇지만 자기가 듣기에도 어느 것 하나 앵무새처럼 사람 소리가 나지는 않았지요.

그때 방안에 있던 아주머니가 화난 얼굴로 문을 열어 젖혔어요.

“피피, 조용히 좀 해. 하루 종일 짖을 셈이야?”

피피는 아주머니가 던진 신발 한 짝을 겨우 피했어요. 아저씨를 기쁘게 해드리려다 아주머니를 화나게 한 거예요. 피피는 아주머니를 피해 뒷마당으로 갔어요.

“유난히 떠든다 싶더니 결국 혼이 나고 말았구나. 그러니까 나처럼 조용히 앉아서 주는 밥이나 먹고, 잠이나 자는 게 좋은 거야. 내가 혼나는 거 본 적 있니?”

우리 속에 누워 있던 돼지가 피피를 보고 말했어요. 피피는 아무래도 돼지의 말을 듣는 게 좋겠다고 생각했어요.

피피는 뒷마당 한가운데 돼지처럼 드러누웠지요. 계속 누워 있자니 지루하기도 했지만, 괜히 움직였다가 혼이 나느니 이게 낫겠다 싶었거든요.

“히히힝, 저리 비켜. 마당 한가운데 누워서 뭐하는 거야.”

말이 미끈한 긴 다리를 뽐내며 말했어요. 말은 달리기를 했는

지 거친 숨을 쉬고 있었지요.

"나처럼 멋진 모습을 갖고 싶다면 그렇게 누워 있지만 말고 운동을 하라고. 주인 아저씨가 나를 볼 때마다 얼마나 흐뭇해 하시는지 아니? 아저씨는 마을 사람들이 멋진 말을 가졌다고 부러워할 때마다 내 갈기털을 더 열심히 쓸어 주신다고."

말은 피피의 눈에도 아주 멋져 보였어요. 피피는 말이 달리는 모습을 흉내 내며 달리기 시작했어요. 말이 다리를 펄쩍

펄쩍 올리며 달리자 목덜미의 갈기털이 날려서 아주 멋있었지요. 피피는 달리는 말을 놓치지 않으려고 열심히 따라 달렸어요. 하지만 말은 금세 멀리 사라져 버렸지요. 그래도 피피는 포기하지 않고 펄쩍펄쩍 다리를 올리며 마을길까지 나왔어요.

"아하하, 저 강아지 좀 봐. 왜 저렇게 이상하게 뛰는 거지?"

"매운 고추장이라도 먹었나? 펄쩍펄쩍 어쩔 줄을 모르잖아."

피피를 본 마을 아이들이 배를 잡고 웃었어요. 피피는 말처럼 달리려고 했는데 웃음거리만 되었지요.

“피피야, 그렇게 어울리지도 않는 뜀뛰기 하지 말고, 나처럼 아저씨 농사일을 돕지 그러니. 주인 아저씨가 아주 고마워할 거야.”

밭에서 일을 하고 있던 소가 점잖게 말했어요. 소는 밭 구석구석을 걸어 다니고 있었지요. 그 모습을 본 피피는 그런 일이라면 자기도 할 수 있다는 자신이 생겼어요.

“그래, 이제야 내가 할 일을 찾았어. 진작에 이 일을 선택했다면 혼이 나거나 웃음거리가 되지는 않았을 거야.”

피피는 힘차게 밭으로 달려들어 마구 뛰어다녔어요.

“아니, 이 녀석이 미쳤나. 밭을 마구 밟고 다니면 어떡해. 이제 막 싹이 돋고 있는데.”

주인 아저씨는 부랴부랴 피피를 밭에서 내몰았어요. 피피는

컹컹!

도대체 어떻게 된 일인지 알 수가 없었어요.

'나는 왜 아무 것도 되는 일이 없는 거지? 내가 하는 일마다 혼이 나거나 웃음거리가 되잖아.'

피피가 축 처진 채 막 대문 앞을 지날 때였어요.

"컹컹! 어딜 허락도 없이 들어와."

피피가 깜짝 놀라 고개를 들어보니 거긴 옆집 대문 앞이었어요. 옆집 개는 늠름한 모습으로 대문 앞을 턱하니 지키고 있었지요. 그 뒤로는 닭들이 평화롭게 모이를 쪼고 있었고, 옆집 할머니는 마루에 누워 편안하게 낮잠을 즐기고 있었지요. 피피는 그제야 자기가 할 일을 알 수 있었어요.

"그래, 난 강아지야. 자라서 개가 될 거라고. 그러니까 내가 가장 잘할 수 있는 일은 집을 지키는 거야."

피피는 남들이 하는 일들을 아무 생각 없이 따라했다는 걸 깨달았어요.

"내 몸과 마음의 주인은 바로 나야. 이제부터 내가 선택한 삶을 살 거야."

그 날 이후, 피피는 다른 동물이 뭐라고 해도 자기의 선택을 믿고 대문 앞을 지켰답니다.

나는 내 몸과 마음의 주인이에요

내 몸과 마음의 주인은 누구일까요? 부모님이 나를 낳아 주셨으니까 부모님일까요? 아직은 어리니까 어른이 나의 주인일까요? 모두 아니에요. 내 몸과 마음의 주인은 바로 나예요. 나는 내 몸과 마음의 주인으로서 내가 해야 할 일과 하지 말아야 할 일을 선택하게 되지요. 사람은 누구나 수많은 선택을 하며 살게 돼요. 그 선택의 순간마다 가장 중요한 것이 바로 나 자신의 판단이지요. 여러분이 선택해야 할 때, 수락하고 거절해야 할 때, 가장 중요한 것은 나 자신이라는 것을 잊지 말도록 해요.

선택하고 수락한다는 것은 무엇인가요?

'난 아직 어린데 무슨 선택을 하고 수락을 하는 걸까?' 하고 생각하는 어린이도 있을 거예요. 하지만 선택은 그렇게 거창한 일이 아니에요. 나에게 500원이 있는데 이걸로 떡볶이를 먹을까 과자를 먹을까 고민하다가, 과자를 먹기로 했다면 그것도 선택이지요. 그리고 작은 부탁이라도 받아들였다면 그건 수락을 한 거예요. 이렇게 우리 생활 속에는 수많은 선택과 수락이 있지요. 인생은 결국 어떤 선택을 하느냐에 따라서 달라진다고 해도 틀리지 않답니다.

도전을 선택한 아이들

열두 살이면 아직 무언가를 선택하기에 이른 나이, 어린 나이라고 생각할지 모르겠어요. 하지만 우리 주위에는 어린 나이에도 멋진 도전을 하는 친구들이 있어요.

요리사가 꿈인 김물결이란 친구는 벌써 요리사 자격증 공부를 해서 자격증을 땄대요. 하비홍이란 친구는 컴퓨터 프로그래머가 꿈이라서 컴퓨터 공부에 열심이지요. 그래서 이미 웬만한 어른보다 컴퓨터 실력이 뛰어나다는군요. 선택을 하고 노력하는 친구들은 아주 많아요. 경비행기 조종사가 되기 위해, 마술사가 되기 위해, 에어로빅 챔피언이 되기 위해, 만화가가 되기 위해. 그 밖에도 여러 가지 새로운 것에 도전하고 있지요.

내 몸과 마음의 주인으로서 나는 어떤 선택을 할 것인지 곰곰 생각해 보고 도전해 보는 건 어떨까요? 아, 물론 중간에 그만두거나 다른 것으로 바꾸어도 괜찮아요. 여러분의 꿈은 소중하고 존중받을 가치가 충분하거든요.

2. 바른 판단력으로 선택하기

동전 던지기

매미 소리가 가득한 여름날이었어요. 개구쟁이 삼총사 영수, 민우, 희원이가 모였어요. 세 친구는 하루도 빠짐없이 만나서 노는 단짝들이지요.

"오늘은 뭘 하고 놀까?"

"놀이터에 가서 놀자."

"매일 놀이터에서 노는 건 재미없잖아. 오늘은 조금 다르게 놀자."

"그럼 어디에서 놀고 싶은데?"

"뒷산이나 냇가 어때?"

희원이와 민우가 어디에서 놀지 이야기를 하자, 영수가 주머니에서 동전 하나를 꺼냈어요.

"얘들아, 우리 이 동전으로 정하자."

영수가 꺼내 든 동전은 반짝반짝 빛이 나서 금화처럼 보였어요.

"그게 뭐야?"

"우리 아빠가 주신 거야. 외국 돈이래. 멋있지? 이 동전으로 어디에 갈지 정하자. 앞면이 나오면 산으로 가고, 뒷면이 나오면 냇가로 가서 놀자."

아이들은 좋다고 했어요. 영수는 동전을 높이 던졌어요.

"땡그르릉."

동전이 땅에 떨어졌어요.

"와, 앞면이다! 산에 가자."

개구쟁이 삼총사는 산으로 향했어요. 해가 쨍쨍한 한낮이었지만, 산에는 나무 그늘이 많고 공기도 시원했어요.

"동전 던지기 하기를 참 잘했어. 산에 오니까 정말 시원해."

"우리 저 바위 위에 앉아서 놀자."

"그래, 내가 공기놀이 할 돌을 주워 올게."

아이들은 바위에 앉아 공기놀이를 하며 한참을 놀았어요.

"우리 이만 집에 가자. 엄마가 산에 가면 해가 있을 때 서둘러서 집으로 와야 한다고 하셨어. 어두워지면 산에서 길을 찾기가 힘들대."

희원이의 말에 영수와 민우도 따라 일어섰어요. 혹시라도 산에서 길을 잃으면 큰일이니까요. 아이들은 온 길을 되짚어서

내려가기로 했어요. 그렇지만 얼마 가지 않아서 아이들은 두 갈래 길을 만났어요. 산길은 모두 비슷해서 어느 길이 올라온 길인지 도통 알 수가 없었지요.

"어디가 우리가 왔던 길이지?"

희원이와 민우가 고민을 하자 영수가 다시 주머니에서 동전을 꺼냈어요.

"우리 이 동전을 던져서 어느 길로 갈지 정하자. 앞면이 나오면 오른쪽 길로 가고, 뒷면이 나오면 왼쪽 길로 가는 거야. 어때?"

희원이와 민우가 고개를 끄덕였어요. 영수가 동전을 다시 하늘 높이 던졌고, 동전의 뒷면이 나오자 아이들은 왼쪽 길로 향했어요. 하지만 얼마 가지 않아 아이들은 되돌아올 수밖에 없었어요. 왼쪽 길로 계속 가자 길이 끊기고 가파른 절벽이 나왔기 때문이에요. 다시 되돌아와 오른쪽 길로 걸어가려니 너무 힘이 들었어요.

"우리 조금만 쉬었다 가자."

뒤처져서 걸어오던 희원이가 말했어요. 개구쟁이 삼총사는 바위에 앉아서 쉬기로 했어요. 넓적한 바위에 앉으니까 산바람이 솔솔 불어와서 정말 시원했어요. 산바람에 땀을 식힌 아이

들은 다시 걷기 시작했어요. 올라올 때는 몰랐는데, 내려가면서 보니까 꽤 높이 올라왔다는 생각이 들었지요.

"어, 이번에는 세 갈래 길이네?"

앞서 가던 영수가 말했어요. 다시 여러 갈래의 길을 만난 아이들은 어떻게 해야 할지 망설였어요. 이번에도 잘못 길을 들어서게 되면 집으로 가는 길이 더 멀어질 테니까요.

"어떡하지?"

"어떡하긴? 동전을 던져 봐야지."

영수는 다시 주머니에서 동전을 꺼냈어요.

"길이 세 갈래인데, 동전 던지기로 알 수 있겠어?"

민우가 세 갈래 길을 가리키며 말하자, 영수는 할 수 없다는 듯이 손바닥에 침을 뱉었어요.

"뭐하는 거야? 더럽게."

희원이가 질색을 하며 말했어요.

"더러워도 할 수 없어. 길을 찾을 때 쓰는 방법이야. 이렇게 침을 손바닥에 놓고 다른 손으로 쳐서 침이 튀는 방향으로 가는 거야. 침이 튈지도 모르니까 저쪽에 가 있어."

영수는 손바닥의 침을 힘껏 내리쳤어요.

"가운데 길로 침이 제일 많이 튀었어."

옆에서 지켜보던 민우의 말에 아이들은 가운데 길로 향했어요. 그렇지만 아이들은 가운데 길로 갈수록 불안해졌지요.

"아무래도 이 길이 아닌 것 같아. 우리가 올라올 때는 이렇게 좁은 길이 없었다고."

"그래, 맞아. 그리고 이렇게 흙길이 아니라 작은 돌들이 계단처럼 있었잖아."

아이들은 온 길을 되돌아가야 했어요. 세 갈래 길 앞에 온 아이들은 어느 길로 갈지 다시 고민하기 시작했지요. 그러자 다시 영수가 동전을 꺼내 들었어요.

"이번에야말로 동전을 던져서 알아보자. 가운데 길은 아니니까 동전 던지기를 할 수 있잖아."

하지만 희원이와 민우의 생각은 달랐어요.

"동전 던지기는 우리의 선택에 아무 도움이 되지 않아."

"내 동전이 엉터리라는 거야?"

영수는 친구들의 말에 화가 났어요.

"영수야, 진정해. 네 동전이 엉터리라는 말이 아니야. 길을 찾는 데 동전 던지기를 하는 것이 옳지 않다는 거지."

"맞아, 길을 찾으려면 우리가 온 길이 어떤 길이었는지 곰곰이 다시 생각해 보는 게 중요해.

영수 너도 같이 잘 생각해 봐."

하지만 영수는 쉽게 고집을 꺾지 않았어요. 할 수 없이 희원이와 민우만 어느 길이 자신들이 올라온 길인지 알아내려고 머리를 맞대고 고민을 했지요. 그리고 서로의 생각을 모아 한 길을 택했어요. 그 길은 세 갈래 길 중에서 가장 넓은 오른쪽 길이었어요. 이어서 영수가 동전을 던져 길을 택했어요. 영수의 동전이 가리킨 길도 오른쪽이었어요. 아이들은 오른쪽 길로 내려갔어요. 한참을 걷자 자갈 계단이 나오고, 멀리 마을이 보이기 시작했어요.

"와, 저기 우리 마을이다!"

아이들은 기뻐서 펄쩍펄쩍 뛰었어요. 날이 어두워지면서 누구 하나 말은 하지 않았지만, 마음 속에는 사실 무서움이 가득했거든요.

"영수야, 네 동전 참 신기하다. 길도 잘 찾네."

희원이가 웃으며 말했어요.

"놀리지 마. 나도 동전으로 길을 찾는 게 엉터리라는 거 알아."

영수가 부끄러운지 머리를 긁적이며 말했어요. 사실 조금 전 영수의 동전은 왼쪽 길이 나왔지만, 친구들이 길을 찾기 위해 고민하는 모습을 보고 친구들을 따라 오른쪽 길로 온 거였거든요. 개구쟁이 삼총사는 선택을 하는 데 스스로의 고민과 판단이 필요하다는 것을 가슴 깊이 새겼답니다.

왜 동전 던지기로 선택을 하면 안 될까요?

동전 던지기에서 앞면이 나올지 뒷면이 나올지는 아무도 알 수 없는 일이에요. 그런 일들은 우연히 일어나는 일이지 생각과 노력을 해서 일어나는 일이 아니지요. 그래서 동전 던지기로 선택을 한다면 그것은 바른 선택이 될 수 없어요. 동전 던지기를 해서 길을 찾았다면, 그것은 우연히 길을 찾은 것이지 올바른 선택으로 길을 찾은 것은 아니에요.

Buy Nothing Day!(아무 것도 사지 않는 날!)

한 시민 단체에서는 Buy Nothing Day 캠페인을 벌이고 있어요. 아무 것도 사지 않는 날을 정해서 스스로 지키자는 것이지요. 이렇게 하루 동안 소비를 하지 않는 것은 좀더 많은 생각을 하고 소비할 물건을 선택하라는 의미예요. 물건을 선택하기 전에 이 물건이 어떻게 만들어졌는지, 나에게 꼭 필요한 물건인지 생각해 보라는 것이지요. 물건을 만들 때 지나치게 노동자를 부려먹은 것은 아닌지, 자연환경을 파괴한 것은 아닌지 생각해 보고 선택한다면, 노동자도 좋은 대우를 받을 수 있고 자연도 보호할 수 있는 방법이 생기지요. 그리고 이미 가진 물건으로 재활용할 수 없는지 생각하고 물건을 선택하면, 쓸데없는 소비를 줄일 수 있고 자원도 절약할 수가 있어요. Buy Nothing Day를 통해서 지금까지의 선택이 바른 판단에 의한 것이었는지 생각해 볼 수 있는 기회를 가져 보는 것은 어떨까요?

'바보상자'를 믿지 마세요

누구든 선택을 할 수는 있지만, 현명한 선택을 하기 위해서는 꼭 필요한 것이 있어요. 바로 바른 판단력이에요. 충분히 생각하고 올바른 기준을 가지고 선택하는 힘이 필요하지요.

흔히 텔레비전을 '바보상자'라고 불러요. 텔레비전을 통해서 많은 정보를 얻을 수 있지만, 아무 생각 없이 텔레비전에서 나오는 것을 보다 보면 자신의 생각은 사라지고 보여 주는 대로 따라가기 때문이에요. 스스로 생각하고 선택하는 능력을 잃어버린 바보가 되는 꼴이지요.

사람들은 텔레비전 광고에 자주 나오는 물건이라는 이유만으로 품질과 상관없이 비싼 값을 치르고 사는 경우가 많아요. 또 텔레비전에 나온 마른 몸매의 연예인을 보고 건강을 해치면서까지 살을 빼려고 하지요. 이것들은 모두 생각 없이 텔레비전에 빠질 때 생기는 문제들이에요. 누구나 쉽게 접할 수 있기 때문에 텔레비전은 우리에게 바보상자가 될 가능성이 크다는 걸 잊지 말아야겠어요.

3. 충고 듣고 선택하기

돌집을 지으렴

"딴따다단, 딴따다단."

숲 속 마을에 경사가 났어요. 귀염둥이 세 쌍둥이 곰돌이가 합동 결혼식을 올리거든요. 한 날 한 시에 태어난 세 마리 곰이 한 날 한 시에 혼인을 하니 경사 중에 경사지요. 숲 속 동물들이 모두 모여서 축하해 주었어요.

곰돌이들의 어미곰은 눈물을 흘리며 혼인을 하는 곰돌이를 바라보았어요. 막 태어나 아장아장 걷던 때가 엊그제 같은데, 어느새 자라 혼인을 하니 여간 감격스러운 일이 아니었지요.

"애들아. 혼인을 진심으로 축하한다. 혼인해서도 서로 사이 좋게 잘 살아야 한다. 알겠지?"

어미곰은 쌍둥이 곰들의 손을 잡으며 말했어요. 그리고 당부의 말도 잊지 않았지요.

"너희가 살 집은 꼭 돌로 지어야 한다. 힘들어도 돌로 지어야 해."

곰돌이들은 어미곰의 눈에 맺힌 눈물을 닦아 주며 알겠다고 했어요. 이렇게 결혼식이 끝나고 곰돌이들은 서로 헤어져 앞으로 살 집을 짓기 시작했어요.

첫째 곰은 집을 짓기 위해 짚을 모으기 시작했어요.

"여보, 어머니께서 꼭 돌로 집을 지으라고 했는데, 짚은 왜 모으는 거예요?"

"이제 혼인도 했으니 내가 살 집은 나 스스로 선택할 나이가 됐어요. 어머니는 돌로 집을 지으라고 했지만, 내 생각에는 짚으로 짓는 게 좋겠어요."

첫째는 한나절 만에 짚으로 집 한 채를 뚝딱 지었어요.

"어때요? 짚으로 지으니까 쉽고 빠르게 집을 지었죠. 어서 들어가 봅시다."

첫째 곰돌이 부부는 짚으로 지은 집으로 들어갔어요.

"바람이 솔솔 들어와서 아주 시원하군요."

"거 봐요. 짚으로 지은 집이 돌로 지은 집보다 시원해서 좋잖아요."

둘째 곰돌이도 첫째처럼 집을 짓고 있었어요. 둘째는 산에서 나무를 하느라고 땀을 뻘뻘 흘리고 있었지요.

"여보, 나무를 해서 무엇에 쓰려고요?"

"이 나무로 우리가 살 집을 지을 거예요."

"어머니가 꼭 돌로 집을 지으라고 하셨잖아요?"

"난 어머니와 생각이 달라요. 오래 전부터 통나무로 지은 집에서 살고 싶었다고."

한편, 셋째 곰돌이는 어머니 말씀대로 돌로 집을 짓고 있었어요. 셋째 곰돌이 부부는 부지런히 돌을 쌓아 올렸어요. 그렇지만 첫째와 둘째 곰돌이보다 집 짓는 데 훨씬 많은 시간이 걸렸지요.

곰돌이들은 집을 짓고는 어미 곰을 집으로 초대했어요. 어미 곰을 가장 먼저 초대한 것은 첫째 곰돌이였어요. 짚으로 지어서 집을 가장 먼저 지었으니까요.

"엄마, 우리 집 참 좋지요?"

"그래, 좋구나. 하지만 걱정이구나. 바람이 많이 부는 날은 조심하도록 해라."

첫째 곰은 어미 곰의 말이 무슨 뜻인지 알 수가 없었어요. 짚으로 지은 집은 시원하고 좋기만 한데, 엄마는 무슨 걱정이 그리 많은지 불만스러웠지요. 며칠 뒤, 어미곰은 둘째 곰돌이네 집으로 갔어요.

“엄마, 나무 냄새가 은은히 나서 집에 있어도 숲 속에 있는 것 같지요?”

“그래, 나무 냄새가 아주 좋은 집이구나. 하지만 비가 오는 날은 위험할 거야. 비가 많이 오면 특히 더 조심하거라.”

어미곰은 이번에도 조심하라는 당부를 하고 둘째 곰돌이네 집을 떠났어요. 셋째 곰돌이는 한참 지나서야 어미곰을 집으로 초대했어요.

"엄마, 어서 오세요. 바람이 많이 불어서 오시느라 힘들었지요?"

"태풍이 온다더니 바람이 아주 세차게 부는구나."

어미곰과 셋째 곰돌이는 돌집을 구경하며 즐거운 시간을 보내고 있었어요. 하지만 밖에서는 나무가 뿌리째 뽑히기라도 할 것 같은 세찬 바람이 불었지요. 그때였어요. 밖에서 문 두드리는 소리가 들렸어요.

"셋째야, 문 좀 열어 줘."

"첫째 형, 여긴 웬일이야?"

"바람이 어찌나 거센지 집이 날아가 버렸지 뭐야. 엄마가 돌로 집을 지으라는 이유를 이제 알겠어."

첫째 곰돌이가 집으로 들어서자 거센 바람과 함께 비가 오기 시작했어요. 비는 숲을 물에 잠기게 할 것처럼 세차게 내렸지요.

"둘째가 걱정이구나."

어미곰이 밖을 내다보면서 말했어요. 아니나 다를까 조금 있다가 둘째 곰이 셋째 곰돌이네 집으로 찾아왔어요.

"엄마, 우리 집이 빗물에 둥둥 떠내려갔어요. 이제야 엄마가 돌로 집을 지으라고 한 이유를 알겠어요."

둘째의 말에 첫째 곰돌이가 고개를 끄덕이며 말했어요.

"나는 뭐든 내 마음대로 하는 게 가장 중요하다고 생각했어요. 하지만 엄마의 말씀을 듣고 결정하는 것도 좋은 방법이란 걸 알았어요."

첫째 곰돌이 말에 둘째와 셋째가 차례로 말했어요.

"맞아요. 엄마는 우리보다 많은 걸 경험했으니까 이때쯤이면 바람이 많이 불고, 비가 온다는 것도 알고 있었잖아요."

"난 엄마 덕분에 좋은 집을 짓게 되었어요. 형들도 지금이라도 돌로 집을 지어. 내가 도와줄게."

창밖에는 세찬 비바람이 불었지만 돌집 곰돌이들은 아무 걱정이 없었어요. 서로를 아끼고 사랑하는 마음이 솔솔 피어나고 있었으니까요.

선택하는 데 충고는 왜 필요할까요?

선택하기 전에 어른의 충고를 듣는 것은 더 좋은 선택을 하는 방법 중에 하나예요. 어른들은 경험이 많기 때문에 어떤 일을 선택했을 때 일어날 일들에 대한 예측이 가능하지요.

곰돌이들은 당장 편하고, 살고 싶었던 집을 지으려고 했어요. 곰돌이들은 아직 세상을 많이 살아 보지 않아서 바람이 불고 비가 오면 어떤 일이 일어날지 생각하지 못했지요. 하지만 어미곰은 날씨가 나쁠 때를 생각해서 돌집을 지으라고 한 거예요. 이렇게 선택하기 전 어른의 충고를 들어 두면 아직 경험하지 못한 일들까지 미리 생각해 보고 결정할 수 있어서 실패를 줄일 수 있답니다.

역사의 충고에 귀 기울여 보세요.

옛말에 '어른 말씀을 들으면 자다가도 떡이 생긴다.' 는 말이 있어요. 이것은 경험이 많은 어른들의 충고를 따르면 좋은 일이 생긴다는 뜻이지요.

이렇게 경험을 통해 얻은 지혜는 선택에 큰 도움이 되는데요. 우리 생활에, 우리 사회에 큰 도움이 될 충고는 또 무엇이 있을까요? 바로, 역사에서 많은 이야기를 들을 수 있어요. 역사에는 가난한 사람들, 부자들, 권력이 있는 사람들, 권력이 없는 사람들, 나라 사이의 일 등 많은 이야기가 담겨 있어요. 그렇기 때문에 역사를 통해서 과거는 물론 현재와 미래를 볼 수 있다고 하는 거예요. 역사를 살피면 가난한 백성들에게 지나치게 세금을 많이 걷는다거나 부자들이 횡포를 부려 백성들이 도저히 살기 힘들어지면 민란이 일어나곤 했어요. 그런데 이런 일은 오늘날이라고 해서 크게 다르지 않아요.

어떤 사람이 되고 싶은지, 어떤 사회를 만들고 싶은지, 고민하고 선택해야 한다면 역사를 잘 살펴보세요.

충고를 너무 잘 듣는 농부와 아들

한 농부와 어린 아들이 당나귀를 팔러 장에 가는 길이었어요. 동네 아낙네들이 당나귀를 두고 왜 힘들게 걸어가냐고 했지요. 농부는 얼른 아들을 당나귀 등에 태웠어요. 그러자 이번에는 노인들이 나이 든 아비는 걷고 어린것이 타고 간다며 혀를 찼어요. 농부는 아들 대신 자기가 당나귀 등에 올라탔어요. 얼마쯤 가자 아기를 업은 한 아낙이 "아이를 걷게 하다니 매정한 아비로군." 하고 말했지요. 농부는 망설이다가 아들도 당나귀에 태웠어요. 그러자 이번에는 농부들이 "말 못 하는 짐승이라고 저렇게 인정머리가 없다니." 하며 부자를 나무랐어요. 부자는 당나귀에서 내려 당나귀를 메고 가기로 했지요. 당나귀의 다리를 나무에 묶어 어깨에 멘 농부와 아들은 외나무다리를 건너야 했어요. 조심해서 다리를 건너는데, 그 모습을 보고 아이들이 까르르 웃기 시작했어요.

"당나귀를 메고 가다니, 정말 바보 같은 사람들이야."

농부와 아들은 사람들의 충고에 제대로 귀 기울였던 걸까요?

4. 냉정하게 선택하기

엉터리 심사위원

화창한 가을날, 숲 속에서는 동물들의 가을 잔치가 벌어지고 있었어요. 더운 여름을 힘들게 보낸 동물들이 장기 자랑도 하고, 그 동안 가꾼 과일을 가지고 나와서 제일 맛있는 과일을 뽑기도 하지요. 동물들은 이 잔치를 위해서 며칠 전부터 모여서 연습까지 했어요.

"지금부터 잔치를 시작하겠습니다."

지난해 우승을 한 여우의 사회로 동물 잔치가 시작되었어요.

"올 동물 잔치에는 모두 네 곳에서 참가를 했습니다. 원숭이 마을, 곰 마을, 다람쥐 마을, 까치 마을입니다. 참가한 마을들은 그 동안 갈고 닦은 장기를 마음껏 뽐내시기 바랍니다."

여우의 소개에 맞춰 원숭이, 곰, 다람쥐, 까치가 무대로 나왔어요. 동물들은 마련해 온 음식을 나누어 먹으며, 동물들의 뽐내기를 구경하게 되었지요.

첫 번째 순서는 동물들이 가꾼 과일 중 가장 맛있는 과일을 뽑는 것이었어요. 가장 맛있는 과일을 뽑는 심사위원으로는 각 동물 마을의 대표가 나왔지요.

맛있는 과일 대회에 나온 과일은 역시 모두 네 가지였어요. 원숭이 마을의 바나나, 곰 마을의 사과, 다람쥐 마을의 밤, 까치 마을의 감이었지요. 심사위원들은 천천히 동물들이 가지고 나온 과일을 먹어 보았어요.

원숭이가 가지고 온 바나나는 입안에서 부드럽게 으깨지면서 슬며시 목으로 넘어가게 맛있었어요. 곰이 가지고 온 사과는 시큼하면서도 달콤한 맛이 아삭아삭 씹혔지요. 다람쥐의 밤도 달고 씹히는 맛이 좋았어요. 마지막으로 까치의 감은 물렁물렁한 연시가 되어서 한 입에 후루룩 먹을 정도로 달고 부드러웠답니다.

동물들은 모두 자기 마을에서 가꾼 과일이 가장 맛있을 거라고 생각했어요. 동물들은 모두 숨을 죽이고 심사 결과를 기다렸어요.

"맛있는 과일 대회 결과를 말씀드리겠습니다. 바나나 한 표, 사과 한 표, 밤 한 표, 감 한 표입니다. 네 명의 심사위원들이 골고루 한 표씩을 주었군요."

사회자 여우의 발표에 네 동물들은 실망한 표정을 지었어요.

"과일들이 다 맛있었나 봅니다. 가장 맛난 과일은 결정할 수가 없었어요. 아쉽지만 장기자랑에서 최고를 가려 봅시다."

여우의 말에 동물들은 장기자랑 준비를 서둘렀어요. 제일 먼저 나온 동물은 곰이었어요. 곰은 외발 자전거를 타고 무대로 나왔어요. 숲 속 동물들은 손뼉을 치며 곰을 맞았지요. 곰은 서커스단이 하는 것처럼 자전거를 타고 여러 가지 묘기를 보여주었어요. 그 동안 연습을 많이 했는지 곰의 자전거 타는 솜씨는 대단했지요. 곰은 동물들에게 많은 박수를 받았어요.

두 번째로 장기자랑에 나선 것은 까치였어요. 까치는 높이 하늘로 날아올라 장기를 보여 주었지요. 동물들은 고개를 뒤로 젖히고 까치의 공중 돌기를 보았어요. 하늘 위에서 춤을 추듯 공중 돌기를 하는 까치의 묘기는 놀라웠어요. 이번에도 동물들은 많은 박수를 보냈답니다.

다음은 원숭이 차례였어요. 원숭이는 마술사처럼 멋진 모자와 반짝이는 옷을 입고 나왔어요. 동물 중에서 손을 가장 자유롭게 쓰는 원숭이는 손에서 비둘기도 만들어 내고 꽃가루도 만들어 내는 마술을 보여 주었어요. 동물들은 원숭이의 마술에 매료된 듯 숨죽이며 구경을 했어요.

마지막 출연자는 다람쥐였어요. 다람쥐는 평소의 장기대로 나무타기를 보여 주었어요. 여러 마리가 줄지

어서 주르륵 나무 위로 올라갔다 내려갔다 하는 것이 군인들의 행렬처럼 보기 좋았지요. 그리고 다람쥐 중에서도 가장 빠르다는 한 다람쥐의 나무 타기 실력은 빛처럼 눈 깜짝할 사이에 이루어져서 동물들의 박수를 많이 받았답니다.

동물들의 장기자랑이 끝나고 이번에도 심사위원들의 심사 결과 발표가 이어졌어요. 심사 결과를 발표하러 나온 사회자 여우의 얼굴에는 난처함이 가득했어요.

"이번에도 놀라운 결과가 나왔습니다. 원숭이, 곰, 다람쥐, 까치 모두 한 표씩 얻어서 동점입니다."

장기자랑 발표를 들은 숲 속 동물들은 술렁이기 시작했어요. 원숭이가 최고다, 곰이 최고다, 다람쥐가 잘했다, 까치가 가장 멋있었다 등 의견이 분분했지요. 그렇지만 가장 많은 의견은 심사위원의 심사가 이상하다는 것이었어요.

"어떻게 매번 한 표씩이 나올 수 있지요? 누가 누구를 뽑았는지 심사 결과를 알려줘야 합니다!"

동물들의 요구대로 심사위원들이 자기가 뽑은 동물을 말하기로 했어요.

"원숭이 대표부터 곰, 다람쥐, 까치 순서대로 과일 심사와 장기자랑 때 뽑은 동물을 이야기해 주세요."

"난 바나나와 원숭이를 뽑았어요."

"난 사과와 곰이요."

"난 밤과 다람쥐요."

"난 감과 까치를 뽑았어요."

심사위원의 발표를 들은 숲 속 동물들은 놀라지 않을 수 없었어요. 심사위원들이 모두 자기 마을을 뽑았기 때문이지요. 심사위원들은 공정한 심사를 한 것이 아니라 자기 마을의 과일과 동물이라는 이유만으로 맛있는 과일

바나나 원숭이
사과 곰

과 장기자랑을 잘한 동물로 뽑았던 거예요. 열심히 준비를 하고 마을 잔치에 나온 원숭이, 곰, 다람쥐, 까치는 심사위원들의 엉터리 심사 때문에 허탈한 기분에 빠졌어요.

"우리는 최고가 되려고 열심히 연습을 했는데, 이렇게 엉터리로 심사를 하다니……."

심사위원의 엉터리 심사로 숲 속 동물들의 동물 잔치는 우울하게 끝나고 말았어요. 자기 마을 동물이니까 뽑아 줘야지 하는 심사위원들의 생각이 결국 마을 잔치를 망친 것이지요.

심사위원들의 선택은 무엇이 잘못 되었나요?

어느 과일이 맛있는지, 어느 동물이 장기 자랑을 잘했는지 심사를 하려면 명확한 심사 기준이 있어야 해요. 그런데 동물 잔치에 참여한 심사위원들의 심사 기준은 오직 자기 마을 동물인지 아닌지 뿐이었어요. 어떤 과일이건, 어떤 장기자랑이건 상관없이 자기 마을 동물이면 최고로 뽑아 준 거예요.

심사위원들의 이런 행동은 경기에 참가한 동물들의 노력을 헛되게 하는 것이에요. 또 나중에는 심사위원 가운데 자기 마을 동물이 있다는 것만 믿고 아무 노력도 하지 않으려 할 거예요. 이것은 바른 경쟁도 아니고, 결국 목표를 향해 열심히 노력하는 것을 헛되게 하는 짓이지요.

지역주의, 연고 주의가 뭐예요?

뉴스를 보면 지역주의라는 말이 자주 나와요. 선거철이 되면 더 자주 들리는 말이고요. 지역주의는 지역을 중심으로 그 지역 사람끼리 서로를 도우려는 것을 말해요. 연고주의도 지역주의와 비슷해서 자기가 태어난 곳, 살고 있는 곳, 다니는 직장, 출신 학교를 중심으로 모여서 서로 돕는 것이지요. 순수한 마음에서 서로 돕고 아끼는 것은 더할 나위 없이 좋은 일이에요.

그렇지만 지역주의와 연고주의가 지나쳐서 국회의원이나 대통령을 뽑을 때도 다른 중요한 기준은 모두 제쳐두고 같은 지역 사람, 같은 학교 졸업자를 뽑으려 하고, 뽑아 달라고 하면 곤란해요. 그러면 능력 있는 사람을 뽑지 못하고, 뽑힌 사람들도 성실하게 일을 하지 않는 결과가 생길 수 있어요. 훈훈한 인정에서 시작된 지역주의와 연고주의가 나라와 사람을 망칠 수 있는 거예요.

추악한 올림픽

올림픽은 가장 성대하게 치러지는 세계인의 스포츠 잔치예요. 그런데 2002년 겨울에 열렸던 미국의 솔트레이크 올림픽은 올림픽 역사상 가장 추악한 올림픽이라는 평가를 받았어요. 여러 가지 이유가 있었지만, 가장 큰 이유는 심판의 편파적인 판정 때문이었지요.

피겨 스케이팅에서는 심판들의 판정이 명확하지 않아서 러시아와 캐나다가 공동으로 금메달을 받는 일이 벌어졌어요. 게다가 쇼트트랙에서는 심판들의 이해할 수 없는 판정으로 우리 나라의 김동성 선수의 금메달이 미국의 오노 선수에게 넘어가는 일까지 벌어졌지요. 오노 선수는 김동성 선수가 자신의 앞을 막았다는 거짓 몸짓을 했고, 심판들은 오노의 편을 들고 만 것이에요. 그 대회에 참가한 선수들은 대부분 미국을 위한 판정이라며 불만스러워 했지요. 그 바람에 솔트레이크 올림픽은 가장 추악한 올림픽이 되고 말았답니다.

5. 선택에 책임지기

강아지 아빠 되기

“엄마, 제발 부탁이에요. 사줘요.”

정운이가 친구 집에서 돌아오자마자 엄마를 졸랐어요. 정운이는 오래 전부터 강아지를 키우고 싶어했어요. 그런데 친구 집에서 키우는 강아지를 보더니 갖고 싶은 마음이 더해졌지요.

“엄마, 엄마 말 잘 듣고, 공부도 더 열심히 할게. 그리고 심부름도 잘할게요. 그러니까 소원 하나만 들어줘요.”

정운이는 엄마 옷자락을 잡고 늘어지며 엄마를 졸랐어요. 그렇지만 늘 그렇듯 강아지 사는 일만큼은 엄마도 쉽게 허락을 하지 않았어요.

“네 방에 어질러 놓은 장난감 좀 봐. 갖고 싶다고 난리를 쳐서 사주면 며칠 갖고 놀고는 저렇게 팽개치면서 강아지를 사 달라고? 강아지는 저런 장난감이 아니야. 생명이 있는 동물이라고. 네가 놀고 싶을 때 갖고 놀다가 팽개칠 수 있는 물건이 아니란 말이야."

"그러니까 내가 잘 돌보면 되잖아요. 내가 다 돌볼게요. 정말 이에요."

정운이는 자신 있게 대답했어요. 하지만 엄마는 까딱도 하지 않았어요. 정운이는 하는 수 없이 저녁에 아빠에게 졸라 보아야겠다고 생각했지요.

"아빠, 제발 제 부탁 좀 들어주세요."

정운이는 열심히 조르고 또 졸랐어요. 그러자 아빠는 강아지를 사주겠다고 하셨지요. 그러자 엄마는 아빠를 흘겨보며 다시 안 된다고 하셨어요.

"강아지 키우려면 그게 다 내 일인데 왜 당신이 사주겠다고 하는 거예요. 강아지 씻기고 먹이고 그런 일이 간단한 게 아니란 말이야. 게다가 아프기라도 하면 어쩌려고 그래?"

"그런 일은 정운이가 다 해야지. 당신은 절대로 그런 일을 해주지 말라고요. 정운이가 다 하겠다고 하면 강아지를 사주겠다는 거예요."

정운이는 뭐든지 하겠다고 서둘러 대답했어요. 아빠는 차근차근 강아지를 키울 때 해야 할 일을 이야기해 주셨지요.

"강아지는 어린 아기를 키우는 일하고 다르지 않아. 강아지

똥강이집!

를 사는 순간, 넌 강아지 아빠가 되는 거야. 먹을 것을 시간 맞춰서 챙겨 줘야 하고, 화장실에 가서 쉬하는 버릇이 들기 전에는 늘 네가 강아지 오줌과 똥을 치워 줘야 해. 적어도 한 주에 한 번 정도 목욕을 해야 더럽지 않을 거야. 그리고 강아지를 데리고 나가서 산책시키는 일도 잊지 말아야 해."

"빠뜨린 게 있어요. 강아지 집 청소도 해야 해. 강아지가 깔고 자는 이불도 빨고 강아지 집도 청소해야지. 그리고 강아지 예방 주사도 맞혀야 한다고."

엄마가 옆에서 거들었어요. 그러자 정운이의 얼굴에는 고민하는 빛이 역력해졌어요. 귀여운 강아지를 키우기 위해서 해야 할 일이 이렇게 많다니, 정운이는 강아지를 키워야 할지 말아야 할지 잠시 고민이 되었어요. 하지만 그런 일 때문에 강아지를 포기할 수는 없었어요. 그 날 저녁 정운이네 식구는 모두 강아지를 사러 나갔어요.

“뽀삐야, 뽀삐야!”

강아지 아빠가 된 정운이는 학교에서 돌아오면 뽀삐 먼저 찾았어요. 강아지랑 놀 생각을 하면 집에 돌아오는 길은 언제나 즐거웠지요. 하지만 이런 생활은 오래 가지 못했어요.

“정운아, 뽀삐 똥 쌌어. 어서 와서 치워라.”

"나 지금 바쁜데."

"강아지 아빠가 강아지 키우는 일보다 중요한 게 뭔데? 컴퓨터 게임?"

컴퓨터 게임을 하고 있던 정운이는 하는 수 없이 게임을 멈추고 강아지 똥을 치워야 했어요. 그럴 때면 정운이는 뽀삐가 아주 미웠어요. 머리라도 한 대 쥐어박고 싶었지요.

정운이는 한 주에 두 번씩 뽀삐를 데리고 가까운 공원으로 산책을 나갔어요. 뽀삐는 정운이랑 산책 가는 것을 아주 좋아했지요. 뽀삐는 산책 가는 날만 되면 신이 나서 학교에서 돌아오는 정운이를 맞았어요. 하지만 정운이는 점점 산책 나가는 게 귀찮아졌어요.

그 날도 산책 가는 날이었지만 정운이는 친구를 집으로 데리고 와서 놀았어요. 처음에는 뽀삐도 데리고 함께 놀았지만, 친구랑 노는 데 정신이

팔리다 보니까 뽀삐는 신경 쓸 새가 없었지요.

한참 동안 친구랑 놀고 있는데, 대문 밖에서 강아지 비명 소리가 소름끼치게 들려 왔어요. 놀란 정운이는 그제야 뽀삐를 찾았어요. 그렇지만 뽀삐는 집에 없었어요. 정운이는 골목으로 뛰어나갔어요.

골목에는 쓰러져 피를 흘리고 있는 뽀삐와 구경꾼들로 가득했어요. 정운이는 뽀삐를 끌어안고 동물 병원으로 달려갔어요. 울음이 터지려는 것을 겨우 참고 병원에 갔지요.

"다행히 목숨에는 지장이 없지만, 한쪽 다리를 심하게 다쳐서 다 낫더라도 다리를 절게 될 거 같구나."

의사 선생님이 정운이의 머리를 쓰다듬으며 말씀하셨어요. 정운이의 눈에서는 쉬지 않고 눈물이 흘렀어요.

'뽀삐야, 미안해. 산책 가고 싶어하는 너를 두고 나 혼자 놀다가 널 이렇게 만들었어. 널 잘 보살피겠다며 우리 집으로 데리고 왔는데…….'

정운이는 강아지 아빠로서 책임을 다하지 못한 것이 후회스러웠어요. 정운이는 다친 뽀삐를 매일매일 정성을 다해서 간호해 주었어요. 얼마 후 뽀삐는 조금씩 걷기 시작했고, 조금 절기는 했지만 다시 잘 뛰어다니는 건강한 강아지가 되었어요.

"우리 정운이가 뽀삐를 정말 잘 간호해 주었구나. 뽀삐가 예전보다 더 건강해진 것 같아."

아빠가 칭찬하자 엄마도 웃으며 말씀하셨어요.

"맞아요. 정운이는 정말 좋은 강아지 아빠라니까요. 그런 의미에서 우리 정운이한테 강아지 한 마리 더 사주는 게 어때요?"

"두 마리씩이나? 싫어요. 전 못 키워요. 뽀삐면 충분해요. 전 싫으니까 키우고 싶으시면 엄마 아빠가 키우세요."

정운이는 두 손을 내저으며 거절했어요. 정운이는 선택에 책임이 따른다는 걸 누구보다 잘 알게 되었거든요.

선택에는 책임도 같이해요

정운이는 강아지를 아주 좋아해요. 그렇지만 강아지 두 마리는 키우지 않겠다고 했어요. 강아지를 좋아한다면 여러 마리를 갖고 싶을 텐데 말이에요. 정운이는 강아지를 키우면서 강아지를 키우는 것이 얼마나 힘든 일인지 알게 되었어요. 강아지를 좋아해서 더 많이 갖고 싶긴 하지만, 강아지를 모두 키우기에는 힘들기 때문에 한 마리에 만족하기로 한 것이지요. 자신이 책임질 수 없는 선택은 아예 하지 않은 것이에요. 도전 정신도 필요하지만, 어떤 경우에는 현명하게 선택하는 것도 필요하겠지요.

자유와 의무, 선택과 책임은 짝꿍이에요

사람은 누구나 자유롭게 살기를 원해요. 그래서 우리가 사는 민주주의 사회에서 가장 중요하게 여기는 것이 바로 '자유' 예요. 그렇지만 사람들이 모두 자유만 주장한다면, 그 사회는 정말 자유로울 수는 없어요. 자유를 지키기 위해 먼저 생각해야 할 것이 있지요. 바로 각자 맡은 의무를 다하는 거예요. 그래서 민주주의 사회의 중요한 세 가지가 자유, 평등, 의무랍니다.

누구나 자유롭게 일하고 생활하기 위해서 국가에서는 몇 가지 꼭 지켜야 할 의무를 정해 놓고 있어요. 세금을 내는 일, 군인이 되어 나라를 지키는 일, 교육을 통해 나라의 일꾼이 되는 일 등이 그것이에요. 이런 기본적인 의무를 다할 때, 우리가 자유를 누릴 수 있는 것이지요.

선택도 마찬가지예요. 자유 속에는 선택하는 자유도 포함되지요. 자유롭게 선택할 수 있지만, 선택한 뒤에 따라오는 책임도 짊어질 줄 알아야 하지요. 그래서 선택을 하기 전에는 내가 그 일을 책임질 수 있을지 먼저 생각해 보아야 한답니다.

세계의 성년식

어릴 때는 많은 걸 배우고 익혀야 하는 시기입니다. 그래서 국가에서도 어려서 한 잘못은 너그럽게 용서를 해 주지요. 그렇지만 어른이 되면 자신의 선택과 행동에 뚜렷하게 책임을 져야 해요. 이것은 오랜 전통이기도 해서 나라마다 어른이 된 것을 기념하고 알리는 가지각색의 성년식을 거행한답니다.

우리 나라는 만 20세가 되면 성년으로 인정하여 해마다 5월 셋째 월요일을 성년의 날로 지키고 있어요. 뉴질랜드의 원주민은 성년이 되는 날에 밧줄로 다리를 묶고 높은 벼랑에서 번지점프를 하고, 오스트레일리아의 원주민은 얼굴에 상처를 내거나 문신을 새기고, 이를 뽑는 경우도 있어요. 유태인이나 이슬람 사람들은 성년식을 종교 의식처럼 치르고, 하마루 족의 경우에는 소 등에 자기 혼자 힘으로 올라앉아야 비로소 성년으로 인정을 받는답니다.

6. 선택 결과 받아들이기

나, 놀부 안해!

웅성웅성, 교실은 쉬지 않고 재잘대는 아이들 소리에 한 시도 조용할 새가 없었어요. 대여섯 명씩 모둠을 이룬 아이들은 이번 학예회에 어떤 공연을 할지 이야기하느라 바빴지요. 합창을 하는 모둠, 무용을 하는 모둠, 미인 대회를 하는 모둠 등 각각 자기가 맡은 공연을 위해 의견을 나누고 있었어요. 그 중에서 비둘기 모둠은 이번 학예회에서 연극을 하기로 했어요.

"무슨 연극을 하는 게 좋을까?"

비둘기 모둠의 대표인 민희가 물었어요. 그러자 승한이는 토끼와 거북이를 하자고 했고, 희선이는 심청전을 하자고 하고, 민성이는 흥부와 놀부를 하자고 했어요. 비둘기 모둠 아이들의 생각은 모두 제 각각이었지요.

"토끼와 거북이는 간단한 이야기이긴 하지만, 쉽게 교훈을 전할 수 있어. 대사만 조금 바꾸면 아주 재미있는 연극이 될 거야.”

승한이가 토끼와 거북을 하자며 말했어요. 이어서 희선이가 말했어요.

“심청전은 너희가 알다시피 아주 감동적이야. 연극에서 친구들에게 감동을 줄 수 있다면 그보다 좋은 게 있을까?”

이번엔 민성이가 맞받아 말했어요.

“흥부와 놀부야말로 재미도 있고 감동도 있는 내용이잖아. 놀부의 심술, 은혜 갚은 제비. 얼마나 흥미롭니? 흥부와 놀부로 하자.”

아이들은 각각 자기가 추천한 동화에 대해 자랑했어요. 민희는 아무래도 쉽게 결정을 할 수 없다며 투표를 해서 결정하자고 했어요. 그 결과 학예회 연극은 흥부와 놀부로 정해졌어요.

아이들은 연극에 필요한 흥부와 놀부, 제비, 놀부 아내, 흥부 아내 등 배역을 정하자고 했어요. 되도록이면 자기가 하고 싶은 역할을 하기로 했지만, 그렇지 못할 때는 하는 수 없이 다른 배역을 맡아야 했지요. 비둘기 모둠은 수업이 끝나고 학교에 남아서 연극 연습을 하기로 했어요.

“나, 놀부 하기 싫어. 안 할래.”

승한이가 골난 얼굴로 말했어요.

"왜 그래? 놀부면 주인공이잖아."

"그래도 싫어."

승한이는 막무가내로 놀부를 하지 않겠다며 집으로 가 버렸어요.

'내가 하자는 토끼와 거북이면 모를까 남이 하자고 한 흥부와 놀부는 하기 싫다고. 게다가 놀부는 나쁜 사람이잖아. 난 이 연극 안 할 거야.'

승한이는 놀부 역도 맘에 들지 않았지만, 자기가 하고 싶었던 토끼와 거북이를 연극으로 하지 못하게 된 것이 여전히 기분이 나빴어요.

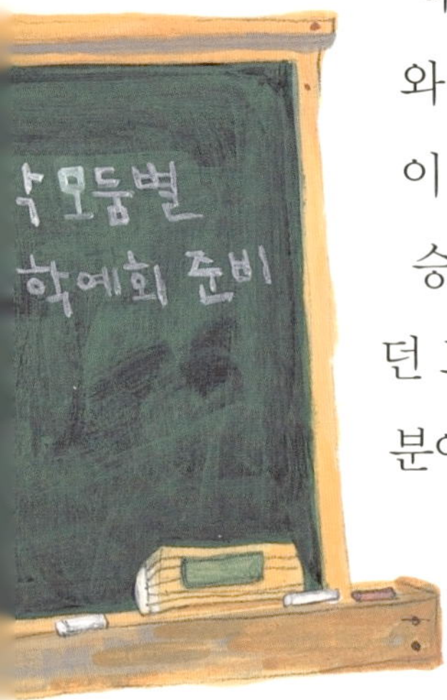

"승한아, 오늘은 그냥 가지 마. 오늘부터는 대사 연습도 해야 하고 할 일이 많아. 내가 맛있는 간식도 싸왔으니까 우리 나눠 먹으면서 연습하자."

학교에 오자마자 희선이가 승한이에게 와서 말했어요. 그렇지만 승한이는 아무 대답도 하지 않았어요.

'희선이는 참 속도 좋지. 자기가 하자고 한 연극을 하는 것도 아닌데 뭐가 신이 나서 간식까지 준비를 해 가지고 오냐?'

승한이는 이번에도 수업이 끝나자마자 가방을 메고 교실을 나왔어요.

"승한아, 어디가? 연습해야지."

비둘기 모둠 아이들이 따라 나오며 승한이를 불렀어요.

"난 이번 연극에서 빠질 테니까 너희끼리 해."

"선생님이 학예회 공연에서 한 명도 빠지지 말고 다함께 하

라고 하셨던 말씀 기억 안 나? 게다가 넌 흥부와 놀부에서 놀부인데 네가 없으면 어떻게 연극을 하니?"

비둘기 모둠 대표 민희가 조금은 화난 목소리로 말했어요. 그렇지만 승한이는 그대로 복도를 빠져나갔어요. 교문까지 뒤도 돌아보지 않고 가던 승한이에게 희선이가 가쁜 숨을 쉬며 달려왔어요.

"승한아, 그러지 말고 함께 연습하자. 흥부와 놀부는 우리가 함께 선택한 작품이잖아."

"난 그런 적 없어. 내가 선택한 건 토끼와 거북이라고. 그리고 넌 심청전을 하고 싶어했잖아."

"처음엔 그랬지. 그렇지만 우리는 모두 같은 비둘기 모둠이고, 비둘기 모둠 아이들 중 흥부와 놀부를 하고 싶어하는 아이가 많았잖아. 그러니까 우리도 그 선택에 따라야지."

희선이의 말을 들은 승한이는 뭐라 할 말이 금방 떠오르지 않았어요. 희선이의 말이 옳은 거 같았지만, 승한이는 그것을 인정하고 싶지 않았지요. 그때 멀리서 민성이와 민희가 숨을 헐떡이며 뛰어왔어요.

"애들아, 같이 가!"

아이들은 교실에 두었던 희선이 가방까지 싸들고 승한이를

2-1

따라 뛰어온 모양이에요.

"승한아, 우리는 같은 비둘기 모둠인데 네가 그렇게 하기 싫다면 다시 생각해 보자, 응?"

민희가 달래듯이 말했어요.

"그래 그래. 다시 정해서 모두 함께 잘해 보자."

민성이도 웃으며 말했어요.

그러자 승한이는 자신의 행동이 부끄러워졌어요. 모두들 같은 모둠으로 승한이의 생각을 존중해 주려 하는데, 승한이 자

신만 자기 선택이 이루어지길 고집했다는 생각이 든 것이지요.

"얘들아, 미안해."

승한이는 한참 뒤에 겨우 입을 열었어요.

"내가 생각을 잘못한 거 같아. 너희는 나의 선택에 대해 이렇게 존중해 주는데, 나는 내가 한 선택이 아니라며 너희의 선택을 무시하려 했어. 우리 다시 교실로 가서 흥부와 놀부 연극 연습 하자."

승한이의 말에 아이들의 얼굴에는 웃음이 가득해졌어요. 희

선이는 얼른 친구들이 들고 있던 자기 가방을 어깨에 메곤 교실로 갈 준비를 했고요. 민성이는 있는 힘껏 승한이를 잡아 끌었어요.

"야, 이러다 넘어지겠어. 하하."

민성이의 손에 끌린 승한이는 넘어질 듯 비틀거렸지만, 그것도 재미가 있어서 웃음이 났어요. 앞서 달리는 민성이와 승한이의 뒤를 따라 희선이와 민희도 달리기 시작했어요. 비둘기 모둠 친구들은 어서 연극 연습을 하고 싶었거든요.

자기의 선택과 달라도 받아들여야 할 때가 있어요

모든 사람의 선택은 중요하고 그런 만큼 존중받아야 해요. 그렇지만 여러 가지 중에서 한 가지를 선택해야 할 상황에서는 자신의 선택만을 고집할 수는 없어요. 내가 원하지 않거나 나에게 불리하더라도 많은 사람을 위한 선택이라면 나의 선택을 포기할 필요가 있지요. 그리고 의견을 나누고 많은 사람이 원하는 것으로 결정하기로 했다면 원치 않은 결과라도 받아들여야 해요. 자신이 원하는 것이 아니라고 결과를 받아들이지 않는다면 민주 시민의 자격이 없는 것이지요.

의견이 다를 땐 다수결로

친구들과 서로 의견이 다를 때는 흔히 '다수결로 정하자'는 말을 해요. 다수결의 원칙이란 여러 의견 가운데에 좀더 많은 사람이 원하는 대로 결정하는 것을 뜻해요. 민주주의 국가에서는 많은 사람들(다수)의 의견을 전체의 의견으로 받아들이곤 하지요. 하지만 적은 사람들(소수)의 의견이라고 쉽게 무시해서는 안 돼요. 회의를 통해 다수의 의견과 소수의 의견을 충분히 나눈 뒤에야 다수결로 정할 수 있는 거랍니다.

나쁜 거는 네가 해! — 님비(NIMBY) 현상

님비 현상이란 'Not In My Back Yard' 의 첫 글자를 딴 말로 '내 뒷마당에는 안 된다', 즉 자기 집 주변에 혐오 시설이 만들어지는 것을 반대하는 현상을 말해요. 사람들은 쓰레기 매립장, 하수 처리장, 핵 쓰레기장 등은 물론 범죄자나 에이즈 중독자를 위한 시설이 자기 동네에 만들어지는 것을 반대하지요. 이런 님비 현상은 자기 집 주변은 안 되지만, 다른 지역은 괜찮다는 식이어서 지역 이기주의라는 비난을 받아요. 최근에는 노숙자를 위한 쉼터를 마련하려고 해도 쉼터를 마련할 곳을 정하지 못하는 일이 있었어요. 노숙자의 쉼터가 자기 마을에 생겨서는 안 된다는 지역 주민의 반대 때문이었지요.

그렇지만 혐오 시설을 반대하는 사람들을 무조건 나쁘다고만 할 수는 없어요. 나 또는 우리 집 옆에 그런 시설이 들어선다고 생각해 보세요. 기분이 좋지는 않겠지요? 그런 만큼 그런 일을 할 때는 적극적으로 사람들을 설득하고, 가장 바람직한 결론을 이끌어 내는 합의의 과정이 필요하답니다. 싫은 걸 싫다고 하고, 싫다고 하는 걸 설득하고 토론해서 합의를 이끌어 내는 것! 그것이 곧 민주주의 정신이거든요.

7. 선택할 수 있는 자유

식량보다 노래보다 소중한 것

한여름의 숲은 한가로워 보이지만, 개미들의 생활은 아주 바빠요. 개미들은 더운 여름날, 추운 겨울에 먹을 식량을 준비하니까요. 그렇지만 개미들이라고 일만 하며 살 수는 없어요.

그래서 푸른 숲의 개미들은 노래 잘하는 베짱이들과 어울려 살기로 했어요. 노래하며 놀기만 즐기다가 추운 겨울 추위와 배고픔으로 고생을 하던 베짱이들도 개미의 제안을 기꺼이 받아들였어요. 개미는 열심히 일을 하고 베짱이들은 일하는 개미들을 위해 일터로 좇아다니며 흥겨운 노래를 들려 주었지요. 가끔은 개미의 일도 돕고요.

이렇게 개미와 베짱이가 어울려 사는 것은 이제 숲에서는 흔히 볼 수 있는 일이 되었답니다. 그래서 윗마을과 아랫마을에 사는 개미와 베짱이들은 모두 함께 마을을 이루어서 살고 있지요.

"자, 모두 힘내세요. 오늘 목표한 일의 양이 얼마 남지 않았어요."

개미들의 먹이 모으는 일을 책임지고 있는 먹이 반장이 소리쳤어요. 이 소리에 맞춰 베짱이들은 더 빠른 노래를 부르기 시작했어요. 일하는 개미들에게 힘을 주기 위해서이지요.

그렇지만 어쩐 일인지 윗마을에서는 베짱이들의 노랫소리가 들려오지 않았어요. 올 봄 윗마을의 여왕개미가 새로 뽑히면서 윗마을의 분위기가 달라졌기 때문이에요. 개미마을은 오래 전부터 일을 나눠서 해 왔어요. 먹이를 구하거나 새끼를 돌보는 일개미와, 침입자와 맞서 싸우는 병정개미로 말이에요. 개미들은 각자 맡은 일이 끝나면 자유롭게 쉬곤 했어요.

베짱이들도 이런 개미들의 생활에 맞춰서 일하고 쉬어야 할 때를 결정했지요. 누가 하라고 명령해서 일을 하고 쉬는 것이 아니라 서로 의논해서 선택하는 것이었어요. 그런데 새로 뽑힌 윗마을 여왕개미는 모든 일을 자기 마음대로 결정해서 개미와 베짱이들에게 명령했어요.

"오늘은 식량을 많이 모아야 해. 그러니 베짱이들도 노래하는 것을 멈추고 모두 일만 하도록 해. 알겠지?"

개미들은 여왕개미의 말을 따를 수밖에 없었어요. 여왕개미는 개미 세계에서 개미를 낳는 유일한 개미이기 때문이에요.

만일 여왕개미의 심기를 상하게 했다가 여왕개미가 알을 낳지 않으면 큰일이니까요.

“벌써 열흘째 일만 하고 있어. 몸도 마음도 너무 힘들어. 베짱이들의 노래라도 듣는다면 흥이 나서 기운이 날 것도 같은데 말이야.”

일을 하던 개미가 허리를 펴며 말했어요.

“나도 노래가 하고 싶어 죽겠어. 안중근 의사는 하루라도 책을 읽지 않으면 입안에 가시가 돋는다고 했는데, 나 같은 베짱이는 하루라도 노래를 하지 않으면 입안에 가시가 돋는다고. 아이고, 힘들어.”

베짱이도 일만 해야 하는 것이 불만이었어요. 그렇지만 아랫마을은 달랐어요.

“오늘은 이 정도면 충분해. 남은 시간은 쉬면서 다음에 할 일을 생각하자.”

“그래, 그게 좋겠어. 우리도 개미들에게 어떤 노래가 듣고 싶은지 물어 보고 싶었어.”

하루 일을 마친 개미와 베짱이들은 한자리에 모여서 다음에 할 일과 노래에 대해 의논을 했어요. 아랫마을의 여왕개미는 개미들의 자유를

최대한 존중해 주었고, 그래서 개미들은 각자 맡은 일을 효율적으로 척척 잘해 냈지요. 그리고 베짱이들도 자기의 생각을 마음껏 주장하고, 하고 싶은 일을 선택할 수 있어서 하루하루가 바쁘긴 했지만 별 불만이 없었어요. 이렇게 숲의 하루가 지나가고 있었지요.

"얘들아, 여기야 여기."

어두운 밤 윗마을 베짱이들이 마을 입구로 하나둘 모여들었어요.

"너무 무서워. 이러다 병정개미한테 들키면 어떡해."

"그래도 할 수 없어. 이렇게 한평생을 살 수 없잖아. 우리는 베짱이라고. 노래를 해야 해. 개미처럼 하루 종일 일만 하면서 살 수는 없어."

"그런데 어떻게 아랫마을까지 가지? 오늘 따라 달도 뜨지 않아서 길을 찾을 수가 없잖아."

"일부러 달이 보이지 않는 날 아

랫마을로 가기로 한 거야. 달빛이 밝으면 금방 들켜 버린다고. 그리고 내가 반딧불이 친구한테 길을 찾아 달라고 미리 부탁을 했어."

나뭇잎 뒤에 숨어 있던 반딧불이가 살며시 얼굴을 내밀었어요. 베짱이 친구의 부탁을 받고 저녁때부터 나뭇잎 뒤에 숨어 있었던 거예요. 베짱이들은 반딧불이의 안내대로

살금살금 발을 떼어서 아랫마을로 향했어요.

"잠깐만요!"

누군가 베짱이들을 불러 세웠어요. 병정개미에게 들킨 걸까요?

"나도 데리고 가 주세요. 나도 아랫마을로 가고 싶어요."

베짱이들을 불러 세운 건 일개미였어요. 일개미는 자기도 아랫마을로 가겠다며 또박또박 말했어요. 베짱이들은 너무 놀라 어떻게 해야 할지 서로 얼굴만 쳐다보고 있었어요.

"난 당신들과 같은 생각이에요. 난 일개미지만 시키는 일만 하며 살 수는 없어요. 내가 할 일을 내가 선택해서 하는 것과

시키는 일만 하는 것은 하늘과 땅 차이에요."

베짱이들은 그제야 가슴을 쓸어 내리며 일개미의 손을 맞잡았어요. 일개미도 아랫마을로 함께 데리고 가기로 한 것이지요. 베짱이 무리와 일개미는 반딧불이의 안내대로 해가 떠오를 때까지 걷고 걸어서 결국 아랫마을에 도착했어요. 아랫마을에 도착한 베짱이들과 일개미는 지친 몸을 가누지 못하고 쓰러져 버렸지요.

"어머, 너희는 윗마을에 사는 베짱이와 일개미잖아? 이렇게 이른 새벽에 웬일이니?"

"모두들 많이 지쳤어. 우선 편히 쉬게 해 줘야겠어."

아랫마을 개미들은 윗마을 베짱이들과 일개미를 눕히고 정성껏 간호해 주었어요. 윗마을 베짱이들과 일개미는 점심때가 되어서야 일어났지요.

"왜 우리 마을에 온 거야?"

아랫마을 개미와 베짱이들은 정신을 차린 윗마을 베짱이와 개미를 둘러싸고 물었어요. 아랫마을 개미와 베짱이들의 눈에는 궁금함이 가득했지요.

"식량보다 노래보다 중요한 것을 찾아서 왔어요. 우리에겐 그것이 무엇보다 중요하기 때문이에요."

식량보다 노래보다 소중한 것은 무엇일까요?

윗마을에 살던 개미와 베짱이가 아랫마을로 어두운 밤에 몰래 내려와요. 개미와 베짱이들은 식량이나 노래 때문은 아니라고 했어요. 무엇 때문이었을까요? 개미와 베짱이들은 자유가 필요했던 거예요. 개미와 베짱이들은 윗마을에서도 일을 하고 노래를 하긴 했지만, 스스로 원해서 하지는 못했어요. 같은 일을 하더라도 자기가 원해서 하는 것과 남이 시켜서 하는 것은 아주 큰 차이랍니다. 힘든 일이라도 자기가 원하는 것이라면 힘든 줄 모르고 할 수 있지만, 쉬운 일이라도 억지로 시켜서 하는 일은 힘들게 느껴지게 마련이지요. 그래서 선택할 수 있는 자유는 아주 소중한 거예요.

선택권이 없는 사람도 있나요?

옛날, 사람을 신분에 따라 나누었을 때는 선택권이 없는 사람도 있었어요. 조선시대까지만 해도 노비가 있었는데, 이런 사람들은 양반이 시키는 대로 일을 해야 했고, 결혼도 자기 마음대로 못했지요. 그리고 일반 백성들도 양반이 아니면 나라의 관리가 되는 시험을 치를 기회를 얻기가 아주 힘들었어요.

옛날 서양에는 노예가 있었어요. 노예는 사람이 아니라 물건처럼 취급되어서 돈을 주고 사고팔았어요. 그래서 노예 시장이 따로 있었지요.

그럼, 요즘에도 선택권이 없는 사람이 있을까요? 노비나 노예는 아니지만, 남자보다 여자의 선택권이 적은 경우는 흔히 있어요. 선진국으로 잘 알려진 스위스의 경우에는 1971년이 되어서야 여성에게 투표권을 주었고, 지방자치단체 선거권을 준 것은 얼마 되지 않았어요. 선택의 자유를 위해 아직도 우리가 해야 할 노력이 많이 남아 있답니다.

국민의 선택권을 빼앗은 죄

1960년 3월 15일은 우리나라 대통령과 부통령을 뽑는 의미 있는 날이었어요. 하지만 이날 선거는 부정 선거로 얼룩지고 말았어요. 선거에서 이기기 위해 자유당에서 국민의 선택권을 넘보는 짓을 저질렀기 때문이에요.

첫째, 세 사람 또는 다섯 사람씩 짝을 지어 투표를 하게 하고, 자유당원에게 검사를 받게 했어요. 둘째, 자유당 사람들이 투표소 주변에서 다른 당 후보에게 투표하려는 사람들을 위협했어요. 셋째, 있지도 않은 사람을 만들어 투표하게 했어요. 넷째, 자유당에서는 투표함에 미리 전체 표의 40퍼센트 정도 되는 표를 자유당 표로 만들어 넣어 두었어요.

자유당의 부정 행위는 국민들에게 발각되어 국민 모두를 화나게 했어요. 결국 국민에 의해 자유당은 모든 권력을 잃었지요.

8. 미래를 생각하는 선택

모든 것을 죽인 선택

여기는 사막처럼 황량한 애리조나 평원입니다. 아니 이곳은 이제 사막이라고 부르는 게 더 어울릴지 모르겠어요. 원래 애리조나 평원은 사막과 평원이 어우러져 많은 동물들이 뛰어 다니던 곳이에요. 하지만 이제 이곳 어디에서도 동물이 뛰어다니는 모습은 찾아볼 수가 없어요. 애리조나 평원은 모래 바람이 날리는 삭막한 땅이 되었지요. 겨우 몇 년 사이에 말이에요.

"와아, 저 사슴 떼 좀 봐요!"

"정말 장관이군요. 이 평원의 제일 멋진 구경거리예요."

평원을 달리는 사슴 떼의 모습은 보는 사람의 가슴까지 뛰게 할 정도로 힘찼어요. 푸른 초원의 풀을 뜯어 먹는 사슴의 모습은 더할 나위 없이 평화로웠고, 이곳에 사는 사람들은 바로 그 사슴을 기르며 생활을 했지요.

그렇지만 평원이 늘 한가롭고 조용한 것은 아니었어요. 동물의 세계는 어디에나 먹이 사슬이 있게 마련이잖아요. 초식동물은 무럭무럭 자라나는 풀을 뜯어 먹고 살고, 육식동물은 풀을 먹고 자란 초식동물을 잡아먹어야 살 수 있으니까요.

그러다 보니 평원에서는 가끔 피비린내 나는 일이 벌어지곤 했어요. 초식동물인 사슴을 잡아먹으려고 육식동물인 코요테와 늑대가 틈만 나면 공격해 왔으니까요.

도망가는 사슴과 쫓아가는 코요테나 늑대의 경주는 늘 긴박했어요. 사슴은 목숨을 부지하기 위해 있는 힘을 다해 달렸고, 코요테나 늑대도 역시 목숨을 부지하기 위해 먹이를 쫓아 달리기를 했지요.

겅중겅중 달리는 사슴은 쉽게 지치지 않을 듯 가볍게 달려갔어요. 코요테나 늑대는 날카로운 눈빛만큼이나 빠르고 멋진 달리기 기술을 선보였지요. 코요테와 늑대에 비해 사슴의 달리기는 뒤지지 않았지만, 달리기를 하다가 삐끗 미끄러지기라도 하면 코요테나 늑대의 날카로운 이빨에 숨통이 끊기고 말았어요. 또 아직 어린 사슴이나 힘이 빠진 늙은 사슴은 코요테나 늑대의 기세를 당해 낼 수가 없었어요.

"코요테와 늑대 때문에 사슴이 벌써 여러 마리 죽었어요."

코요테와 늑대의 공격으로 죽어 쓰러지는 사슴을 보는 것은 사슴 농장을 하는 사람들에겐 안타까움과 공포였어요.

"코요테와 늑대가 우리 사슴 농장의 평화를 깨뜨리고 있어요. 코요테와 늑대의 공격으로부터 사슴을 보호해야 합니다."

사람들은 사슴을 보호하기 위해서라면 어떤 일이라도 해야 한다고 생각했어요. 그래서 모두 모여 사슴을 보호하는 방법을 놓고 오랫동안 고민했지요.

"평원에 철조망을 치는 건 어떨까요? 코요테나 늑대가 사슴을 공격하는 길을 막는 거예요."

"그래요, 그게 좋겠어요. 철조망이라면 제 아무리 코요테와 늑대라도 끊지는 못할 거예요."

사람들은 사슴을 놓아 기르는 평원에 철조망을 치기 시작했어요. 넓디넓은 평원에 철조망을 치는 것은 간단한 일이 아니었어요. 그렇지만 사슴을 보호할 수 있는 방법이라면 힘들어도 어쩔 수

없는 일이었지요.

그러나 철조망도 사슴을 안전하게 지켜주지는 못했어요. 얼마 후, 헐겁게 쳐진 철조망에는 코요테와 늑대가 드나들 만한 구멍이 생기기도 했고, 철조망의 높이가 낮은 곳으로는 철조망을 뛰어 넘어오는 늑대와 코요테가 생겨 났어요. 철조망이 배고픈 코요테와 늑대를 막아 낼 수 없었던 거예요.

사람들은 다시 모여 늑대와 코요테의 공격으로부터 사슴을 지킬 방법을 고민

했어요.

"코요테와 늑대를 잡아 죽이는 건 어떨까요? 놈들이 사라지면 사슴을 잡아먹는 동물은 없을 거예요."

"아, 그거 좋은 방법이군요. 사람들은 취미 삼아 사냥을 하기도 하니까 이참에 모두 사냥 놀이를 즐겨 보자고요."

이제 사람들은 직접 나서서 코요테와 늑대를 죽이기로 했어요.

애리조나 평원 곳곳에서 총소리가 들려 왔어요. 사람들이 모두 나서 코요테와 늑대 사냥에 열을 올린 것이지요. 사람들의 사냥은 코요테나 늑대가 사슴을 잡을 때보다 더 열심이었어요. 애리조나 평원의 코요테와 늑대는 하루가 멀다 하고 죽임을 당했지요. 자연히 코요테와 늑대의 수는 빠르게 줄어들었어요.

"코요테와 늑대가 사슴을 죽이는 수가 줄어들고 있어요. 이대로 한다면 평원에 곧 평화가 찾아올 거예요. 사냥에 더욱 힘써 주세요."

사람들은 코요테와 늑대가 사라져 사슴 농장에 평화가 오고 있다며 기뻐했어요. 그리고 더 많은 코요테와 늑대를 잡아 죽였어요. 아니, 애리조나 평원에 사는 모든 코요테와 늑대를 죽이겠다고 다짐했지요.

계속되는 코요테와 늑대 사냥으로 사슴 농장 사람들은 사슴이 평화롭게 풀을 뜯는 것이 기쁘기만 했어요. 이렇게 애리조나 평원의 평화가 찾아온다고 믿었지요.

그렇지만 시간이 지나자 사슴들이 한두 마리씩 죽기 시작했어요. 사슴을 공격하던 코요테와 늑대가 사라졌는데, 무엇이 사슴을 죽음으로 몰았던 것일까요?

사슴들은 굶어 죽고 있었던 거예요. 사슴들이 갑자기 풀을 뜯어 먹지 않았냐고요? 아니에요. 사슴들은 풀을 뜯어 먹고 싶었어요. 그렇지만 뜯어 먹을 풀이 없었어요.

사람들에 의해 사슴을 공격하던 코요테와 늑대가 모두 죽자 사슴의 수가 계속해서 늘어났어요. 사슴을 죽이는 천적이 없어졌으니 그 수가 늘어나는 일밖에 남지 않았지요.

그 결과 사슴의 수가 너무 많아져서 나중에는 뜯어 먹을 풀이 모자라게 된 거예요. 급기야 사슴들은 너무 배가 고파서 풀이 자라기도 전에 풀의 뿌리까지 모두 파먹었어요.

자, 평원은 어떻게 되었을까요? 뿌리까지 모두 뽑힌 탓에 평원에는 더 이상 풀이 자라지 않았어요. 결국 많은 사슴들이 한꺼번에 굶어 죽고 평원은 사막처럼 붉은 흙만 드러내게 되었지요.

사람들은 평원이 사막으로 변해 가는 모습을 바라보며 어이없어 했어요. 그리고 그제야 깨달았지요. 자신들이 얼마나 어리석은 짓을 했는지 말이에요. 사슴 농장 사람들의 이익을 위해 코요테와 늑대를 모두 죽인 사람의 선택은 결국 모두를 죽게 만들었던 거예요. 코요테와 늑대는 물론이고 사슴과 평원의 수많은 풀들, 생명이 자라던 흙의 생명까지 말이에요.

미래를 위해 가장 중요한 것은 무엇일까요?

우리는 미래를 위해 공부도 하고 저축도 해요. 그렇지만 자연 환경이 파괴되어 버린다면 우리가 꿈꾸는 미래가 펼쳐질 수 있을까요? 지구가 아프다고 하지요? 나무도 마구 베어 내고 땅, 공기, 물 모두 더러워지고 있어요. 이대로 가다간 지구가 더 많이 아파할 게 뻔하지요. 우리의 미래를 위한 선택 가운데에 어리석은 선택은 없는지 고민해 봐야 할 거예요.

환경을 망치는 인간의 선택에는 무엇이 있나요?

환경에 조금이라도 관심이 있는 사람이라면 자연 환경에 해로운 것이 무엇인지 알고 있을 거예요. 흔히 사용하는 헤어 스프레이, 샴푸, 세제, 일회용품 등은 모두 자연 환경을 파괴하는 무서운 오염 물질이지요. 하지만 이런 화학 물질이나 일회용품말고도 우리의 생활 습관이 환경을 망치기도 한답니다. 학교 급식을 먹을 때 음식을 남기는 친구가 있을 거예요. 우유도 먹기 싫다고 하수구에 버리고, 휴지를 아끼지 않고 마구 쓰는 친구도 있을 거예요. 이런 사소한 행동은 모두 자연을 파괴하는 일이지요.

다이안 포시의 선택

다이안 포시는 미국에서 태어난 여성 과학자예요. 다이안 포시는 어려서부터 동물들을 아주 좋아했어요. 그래서 편한 생활을 마다하고 고릴라가 사는 아프리카로 갔어요.

고릴라는 갑자기 나타난 사람을 잔뜩 경계했어요. 포시는 고릴라의 마음을 열게 하려고 고릴라가 먹는 것을 똑같이 먹고, 고릴라 가까이에서 잠을 잤어요. 결국 고릴라도 다이안 포시의 마음을 알고 친구로 받아들였어요.

그런데 아프리카에는 포시 같은 사람보다 동물을 잡으려는 밀렵꾼이 훨씬 많았어요. 밀렵꾼들의 무차별적인 사냥으로 멸종 위기의 동물들이 생겨났고, 이것은 결국 생태계 파괴로 이어졌지요. 그러던 어느 날 다이안 포시의 친구인 아기 고릴라도 밀렵꾼에게 잡혀 갔어요. 아기 고릴라를 잃은 어미 고릴라는 너무 괴로워했어요. 이 모습을 본 포시 역시 마음이 아팠지요.

그 일을 계기로 다이안 포시는 많은 사람들에게 동물을 보호해야 한다는 걸 알렸어요. 밀렵꾼들의 나쁜 행동도 알렸고요. 다이안 포시의 용기 있는 선택으로 밀렵꾼들의 아프리카 동물 사냥은 점점 어려워졌지요.

9. 적극적인 선택

형들은 왜 화가 났을까?

미국의 한 고등학교에서 있었던 일이에요.

새 학기가 시작되면 학생들은 왠지 모를 설렘과 기대감으로 들뜨게 되지요. 노스 고등학교 학생들도 마찬가지였어요. 더구나 새 학기에는 새롭게 달라지는 것도 많았으니까요.

"새 학기부터 점심 시간을 줄여서 홈룸 수업을 하기로 했어요. 수업은 텔레비전을 보면서 하게 될 거예요."

선생님의 말씀에 학생들은 점심 시간이 줄어드는 것이 아쉬웠어요. 그렇지만 새롭게 시작되는 홈룸 수업에 대한 기대감도 있었지요. 홈룸 수업은 전체 학생이 모여서 생활 지도를 받는 수업이었거든요.

점심 식사를 마치고 학생들은 홈룸 수업을 위해 교실에 모여 앉았어요. 교실마다 설치된 텔레비전에서는 채널 원 방송이 나오고 있었어요. 채널 원은 뉴스 전문 방송이에요.

그렇지만 채널 원 뉴스를 본 학생들은 실망스러웠어요. 채널 원의 뉴스는 제대로 된 뉴스가 아니었어요.

"우리가 지금 뉴스를 본 거야, 광고를 본 거야?"

"그러게. 뭔가 속은 느낌인 걸."

채널 원 방송은 뉴스보다는 광고를 내보내는 데 더 신경을 쓰고 있었어요. 별 내용 없는 뉴스에 새로 나온 자동차와 유행하는 머리 모양에 대한 광고가 더 많았지요. 학생들은 역사 선생님 한 분을 중심으로 하나둘 모이기 시작했어요.

"이건 제대로 된 홈룸 수업이 아니야."

"신문의 기사 제목만 읽어도 이보다는 더 많은 정보를 얻을 수 있을 거야."

학생들은 저마다 불만을 털어 놓았어요.

"학교에서는 이번에 채널 원 방송으로 수업을 하는 대가로 채널 원 방송국으로부터 텔레비전을 받았대."

"그런 사연이 있었군."

학생들은 더 이상 볼 수 없다고 생각했어요. 그래서 학생회장을 중심으로 학생들의 의견을 모으고, 채널 원 방송에 대한 학교 지원에 대해서도 자세히 알아보기로 했지요.

"학교에서는 우리가 채널 원 방송을 보는 것을 조건으로 채

look
this wonderful
$ 345.678

널 원 방송국에서 방송 장비를 무료로 얻었고, 교실마다 필요한 텔레비전을 받았대. 모두 37대나 된다는군."

"너무 기가 막혀. 우리의 수업을 텔레비전과 맞바꾼 꼴이야."

학생들은 학교에서 한 일을 받아들일 수가 없었어요. 학생들은 좀더 좋은 교육을 받기 위해서 직접 나서기로 했어요.

며칠이 지나자 학생들 가운데 몇몇이 홈룸 수업을 듣지 않기 시작했어요. 처음에는 250명 정도가 수업에 빠졌지만, 나중에는 노스 고등학교 전체 학생 850명 가운데 600명이 수업에 들어오지 않았지요. 학생들의 이런 항의는 학생회를 통해서 정식으로 학교에 전해졌지요.

"이번 채널 원 방송 홈룸 수업에 대해 우리 학생들은 학교에 정식으로 항의합니다. 우리는 이런 엉터리 수업을 더 이상 들을 수 없습니다."

노스 고등학교의 학생회장이 대표로 이야기를 했어요.

하지만 학교에서는 어떤 대답도 하지 않았어요. 학생들의 의견을 무시하는 듯했지요.

"채널 원 방송국에서 받은 방송 장비와 텔레비전 때문에 뉴스를 계속 봐야 하는 거라면 우리가 돈을 모으겠어요."

학생들은 더 나은 홈룸 수업을 위해 이런 제안까지 했어요.

그리고 얼마 뒤에 채널 원 방송국의 대표가 노스 고등학교를 찾아왔어요. 학생들은 방송국 대표에게도 채널 원 방송을 볼 수 없다는 뜻을 전했지요.

"우리 채널 원 방송은 4000개 정도의 학교에서 방송을 하고 있지만, 이런 반응을 보인 곳은 처음입니다."

방송국 대표는 당황하는 모습이었어요. 그렇지만 학생들의 노력은 그치지 않았고, 결국 학교에서는 점심 시간에 하던 홈룸 시간을 없앴어요. 그리고 채널 원 방송을 계속 보아야 하는지 좀더 생각해 보기로 했지요.

학생들은 좋은 수업을 받기 위해 적극적으로 이 문제를 해결해 나갈 것을 다짐했답니다.

적극적인 선택은 무엇일까요?

우리는 선택이라고 하면 이미 만들어진 몇 가지 중에서 하나를 고르는 거라고 생각하기 쉬워요. 하지만 이미 만들어진 몇 가지 중에서 자신이 선택하고 싶은 것이 없을 수도 있어요. 이럴 때 자신이 정말 원하는 것을 만들어 내는 것을 적극적인 선택이라고 할 수 있을 거예요.

노스 고등학교 학생들은 학교에서 이미 정해 놓은 홈룸 수업이 자신들에게 도움이 되지 않는다고 생각했지요. 그래서 홈룸 수업을 거부했어요. 그렇다고 해서 학생들이 무조건 수업을 듣지 않겠다는 것은 아니었어요. 홈룸 수업을 더 나은 수업으로 바꾸기 위한 노력도 기울였어요. 자신이 원하는 선택을 하기 위한 적극적인 노력을 기울인 것이지요.

적극적인 선택은 왜 필요할까요?

우리가 사는 사회는 하루 아침에 만들어진 것이 아니에요. 오랜 시간을 거쳐서 만들어졌지요. 그래서 사회의 잘못된 일을 고치는 것이 쉽지 않아요. 예를 들어, 화장실에서 줄을 설 때 대부분 화장실 문마다 사람이 서서 차례를 기다려요. 하지만 이렇게 줄을 서는 것보다 화장실 입구에서 한 줄로 줄을 서는 것이 더 합리적이에요. 온 순서대로 화장실을 사용할 수 있고 화장실 안도 덜 복잡해지지요. 이렇게 새로운 것, 더 좋은 것을 선택하기 위해서는 이런 제도를 모르는 사람에게 알리는 일도 하고, 반대하는 사람을 설득하는 일도 해야 해요. 이것이야말로 적극적인 선택을 통해서 더 좋은 사회를 만들어 가기 위한 것이지요.

불매 운동은 소비자의 선택

소비자는 여러 가지 물건 중에서 자신에게 필요한 것, 자신이 원하는 것을 선택하지요. 하지만 소비자는 불매라는 선택도 한답니다. 불매라는 것은 물건을 사지 않는다는 뜻인데, 생각이 같은 여러 사람이 모여 특정 회사의 물건을 사지 말자는 불매 운동을 하는 경우가 있어요. 예를 들어, 어느 회사의 물건을 샀는데 그것이 불량품이었다면 회사에서는 성실하게 불량품을 고쳐 주거나 새 물건으로 바꾸어 주어야 해요. 그렇지 않았다면 소비자는 불매 운동을 통해서 소비자의 권리를 찾을 수 있을 거예요.

이 밖에도 불매 운동은 여러 가지 의미로 이루어지고 있어요. 광우병에 걸린 미국산 쇠고기 수입을 거부하기 위한 불매 운동도 대표적이에요. 미국 안에서는 엄격하게 검사한 쇠고기를 팔면서 한국에는 자기들 기준에 훨씬 못 미치는 쇠고기를 수입하라고 했었지요. 이에 한국의 소비자들은 불매 운동을 통해서 미국산 쇠고기의 수입을 막기도 했답니다. 또한 악덕 기업에 대해서도 그 기업 제품의 불매 운동을 통해 노동자들에게 더 나은 대우를 하도록 압력을 가했지요.

10. 선택, 포기하지 말자!

아무거나 씨의 마지막 선택

어느 마을에 아주 희한한 이름을 가진 사람이 살고 있었어요. 그 사람의 이름은 '아무거나' 였지요. 태어날 때부터 그런 이름이 지어졌는지 모르겠지만, 마을 사람들은 모두 그를 아무거나 씨라고 불렀어요. 아무거나 씨의 대답이 늘 한결같았기 때문이에요.

"무얼 드시겠습니까?"

하고 음식점 종업원이 물으면,

"아무거나."

옷을 사러 가서도,

"어떤 옷을 찾으세요?"

하고 물으면

"아무거나 주세요."

하고 대답했지요. 이런 아무거나 씨를 사람들은 좋아하기도 하고 싫어하기도 했어요. 어떤 사람은 아무거나 씨가 상대방을 배려하는 마음이 커서 상대방이 하고 싶은 대로 하게 해주는 것이라고 말했고, 또 어떤 사람은 무엇이든 상대방에게 책임을 떠넘기려 한다고 말했지요.

그러던 어느 날 아무거나 씨 마을에 기쁜 일이 생겼어요. 나라에서 마을에 도서관을 짓기로 한 것이지요. 마을 사람들은 마을에 도서관이 생기는 것이 너무 기뻐서 잔치를 벌일 정도였어요.

그렇지만 얼마 못 가서 마을은 날마다 시끄러울 정도로 말다툼이 일었어요. 마을에는 작은 강이 하나 있는데, 강 위쪽에 사는 사람들은 도서관을 강 위쪽에 지어야 한다고 했어요. 물론 강 아래쪽에 사는 사람들은 강 아래쪽 마을에 도서관을 지어야 한다고 주장했지요.

사람들은 서로 어디에 도서관을 짓는 것이 좋을지 물어보며 의견을 나누었어요. 그러다 강 위쪽에 사는 사람과 강 아래쪽에 사는 사람이 만날 때면 싸우는 일이 종종 생겼어요.

그렇지만 아무거나 씨한테는 어느 누구도 의견을 묻지 않았어요. 아무거나 씨는 지금까지 자기 생각을 이야기하거나 선택을 한 적이 없기 때문이에요. 마을 사람들은 아예 아무거나 씨

의 생각은 들으려고 하지도 않았던 거예요.

도서관 짓는 일로 마을이 시끄럽자 나라에서는 마을 사람들의 의견을 물어서 도서관을 어디에 지을지 결정하기로 했어요.

"강 위쪽에 지어야 한다고 생각하는 사람들은 1번을 선택하고, 아래쪽에 지어야 한다고 생각하는 사람들은 2번을 선택하세요."

마을 사람들은 각자 자신의 생각대로 번호를 선택했어요. 그런데 이런 방법으로도 도서관을 어디에 지어야 할지 결정할 수가 없었어요. 공교롭게도 마을 사람들의 절반씩이 강 위쪽과 강 아래쪽을 선택했기 때문이지요. 그렇지만 마을 사람들은 서로 자기의 선택으로 결정되었다고 주장했어요.

"강 위쪽으로 선택된 거나 마찬가지예요. 우리가 이겼어요."

"무슨 억지 주장이에요. 강 아래쪽이 이겼어요. 우리에겐 아무거나 씨가 있다고요."

사람들은 모두 아무거나 씨가 자기편이라며 자기네가 이겼다고 소리쳤어요. 하는 수 없이 마을 대표는 아무거나 씨를 찾아가서 의견을 묻기로 했어요.

"아무거나 씨, 당신의 의견을 말해 주세요. 당신의 의견으로 우리 마을 도서관을 어디에 지을지 결정하게 될 거예요."

아무거나 씨는 어떤 결정을 해야 할지 막막했어요. 아무거나 씨는 중얼거리듯 말했어요.

"아무데나!"

그러자 마을 대표를 좇아온 마을 사람들이 서로 강 위쪽이라고 대답했다, 강 아래쪽이라고 대답했다며 자기 주장만 했어요. 아무거나 씨는 어떤 대답을 해야 할지 더욱더 난처해졌어요. 이대로 한 곳을 대답했다가는 마을 사람들의 절반과 원수가 될 것 같았지요. 아무거나 씨는 마을 사람들에게 하루만 생각할 시간을 달라고 부탁했어요. 마을 사람들은 다음날 다시 오겠다면서 돌아갔어요.

아무거나 씨의 집에는 밤 늦도록 불이 꺼지지 않았어요. 아무거나 씨는 아무리 생각해도 어떤 선택을 해야 할지 판단할 수

가 없었지요.

“강 위쪽에 도서관을 짓자는 사람들의 말도 일리가 있고, 강 아래쪽에 도서관을 짓자는 사람들의 말도 일리가 있으니 어떤 선택을 해야 할지 정말 어렵군. 처음부터 내 생각대로 선택을 했으면 이렇게 나 하나의 선택으로 마을 일이 결정 나는 일은 없었을 텐데. 이제는 나의 선택 하나로 모든 일이 결정되니 강 위로 결정하면 강 아랫마을 사람들의 미움을 살 테고, 강 아래쪽을 선택하면 강 윗마을 사람들의 미움을 받게 될 거야. 어떻게 하면 좋지?”

아무거나 씨는 이런저런 생각을 했지만, 그래도 결정할 수가 없었어요. 이제껏 한 번도 스스로 선택을 한 적이 없어서 선택은 더 어려웠지요. 새벽이 되어서야 아무거나 씨는 무릎을 치

며 환호했어요.

"그래, 이제 결정했어!"

그리고 얼마 뒤 아무거나 씨 집의 불이 꺼졌어요. 날이 밝자 사람들은 아무거나 씨 집 앞에 모였어요. 마을 대표는 아무거나 씨의 선택을 듣기 위해 아무거나 씨 집으로 들어갔지요. 잠시 뒤, 마을 대표는 쪽지 한 장을 들고 밖으로 나왔어요. 마을 사람들은 마을 대표가 어떤 말을 할지 조용히 기다렸지요.

"아무거나 씨가 쪽지를 남기고 우리 마을을 떠났어요."

마을 대표의 손에서는 쪽지가 힘없이 떨어져 바람에 날려갔어요. 아무거나 씨의 쪽지에는 이런 글귀가 씌어 있었어요.

'에라, 모르겠다. 아무거나!'

선택권을 포기하면 어떤 일이 생길까요?

아무거나 씨가 선택권을 포기하자 마을은 큰 혼란에 빠지게 되었어요. 아무거나 씨가 자신이 해야 할 선택을 하지 않은 탓에 주위 사람들이 혼란을 겪게 된 거예요.

아무거나 씨처럼 늘 선택을 포기하는 사람은 나중에 자신이 정말 하고 싶은 선택이 생겨도 선택할 수 없는 경우가 생겨요. 주위에서 그 사람은 늘 선택을 하지 않으니까 선택할 기회를 아예 주지 않을 수 있고, 나중에는 스스로 아무것도 결정하지 못하는 사람이 될 수 있지요.

무엇보다도 선택권을 포기해 버리면 자신이 원치 않는 결과에도 책임을 지는 일이 생길 수 있어요. 선택을 해야 할 때 아무거나라고 말해 버린다면 어떤 일이 생기더라도 그 결과는 자신의 몫이 되는 거니까요.

기권이라는 선택도 있어요

선택 중에는 기권이라는 것도 있어요. 선택이 너무 어렵거나 망설여질 때, 혹은 무엇이 가장 좋은 선택인지 판단이 서지 않을 때 기권이란 것을 하게 되지요. 그러니까 기권은 이번 기회보다는 다음 기회를 생각하며 선택을 미루는 것이지요. 그렇지만 중요한 상황에서 쉽게 기권을 선택하는 것은 무책임하고 비겁한 행동이 될 수 있어요. 그래서 기권이란 선택은 다른 선택보다 더 신중해야 하는 선택이라고 할 수 있지요.

세상에 있는 수많은 선택

세상에는 수없이 많은 사람이 있어요. 그렇지만 한 명도 같은 얼굴을 하고 있지 않아요. 얼굴이 같다는 쌍둥이도 가만히 살펴보면 다른 곳이 있지요. 이렇게 수많은 얼굴 생김새처럼 세상에는 수없이 많은 선택이 있어요. 같은 일에도 사람들은 각각 다른 선택을 할 수 있지요.

그런데 사람들은 다른 사람의 선택을 인정하지 않아서 다투는 경우가 많아요. 서로 다른 종교를 가졌다는 이유로 생긴 다툼이 종교 전쟁으로 이어진 일이 있어요. 같은 종교라고 해도 유럽에서는 종교 개혁과 관련하여 신교와 구교 사이에 있었던 다툼이 무려 100년에 걸친 긴 종교 전쟁이 되었지요. 그리고 오늘날에도 힌두교를 믿는 인도와 이슬람교를 믿는 파키스탄은 종교적인 이유로 갈등하는 대표적인 나라이지요.

서로 다른 선택을 인정하는 것은 참 어려운 일인가 봐요. 하지만 서로의 선택을 인정하는 것이 결국 자신에게 자유롭고, 다양한 선택을 할 수 있게 만들어 주는 것이란 점을 잊지 말아야 해요.